AF283884

Nuevo sistema de cotización para las personas trabajadoras autónomas. CTRE0008

Alicia Jiménez García

ic editorial

Nuevo sistema de cotización para las personas trabajadoras autónomas. CTRE0008
© Alicia Jiménez García

1ª Edición

© IC Editorial, 2025

Editado por: IC Editorial
c/ Cueva de Viera, 2, Local 3
Centro Negocios CADI
29200 Antequera (Málaga)
Teléfono: 952 70 60 04
Fax: 952 84 55 03
Correo electrónico: iceditorial@iceditorial.com
Internet: www.iceditorial.com

ISBN: 979-13-7027-036-0
Depósito Legal: MA 1359-2025

Impresión: PODiPrint
Impreso en Andalucía – España

Nota de la editorial: IC Editorial pertenece a Innovación y Cualificación S. L.

Especialidad formativa

Se entiende por especialidad formativa la agrupación de contenidos, competencias profesionales y especificaciones técnicas que responde a un conjunto de actividades de trabajo enmarcadas en una fase del proceso de producción y con funciones afines.

Las especialidades formativas de Uso General, Formación Complementaria, Formación Modular y las especialidades formativas dirigidas a la obtención de certificados de profesionalidad se incluyen en el Fichero de Especialidades del Servicio Público de Empleo Estatal para su gestión en todo el territorio nacional por cualquier Administración competente.

Las especialidades complementarias, pertenecen todas a la Familia profesional de Formación Complementaria (FCO) y tienen la consideración de formación transversal en áreas que se consideran prioritarias tanto en el marco de la Estrategia Europea para el Empleo y del Sistema Nacional de Empleo como en las directrices establecidas por la Unión Europea. Se consideran áreas prioritarias las relativas a tecnologías de la información y la comunicación, la prevención de riesgos laborales, la sensibilización en medio ambiente, la promoción de la igualdad, la orientación profesional y aquellas otras que se establezcan por la Administración competente.

Las especialidades de Certificado de profesionalidad tienen una duración especificada en su normativa reguladora.

En el resultado de la búsqueda, se muestran las unidades de competencia, todos los módulos formativos con su duración y las unidades formativas del certificado correspondiente, con su duración. Las horas del certificado, exclusivo de las especialidades de certificado de profesionalidad, con alta igual o superior a 2008, son las horas totales más las horas del módulo de Prácticas Profesionales no Laborales.

➲ **Si la especialidad tiene unidades formativas,** las horas totales, presencial, distancia, teleformación serán igual a la suma de esas horas de las unidades formativas de los distintos módulos, sin que se repita ninguna Unidad formativa.

➲ **Si la especialidad no tiene unidades formativas,** las horas totales, presencial, distancia, teleformación serán igual a las sumas de esas horas de los módulos formativos, eliminando las horas de los módulos repetidos.

https://sede.sepe.gob.es/especialidadesformativas/RXBuscadorEFRED/BusquedaEspecialidades.do

(Fuente: Servicio Público de Empleo Estatal)

Índice

Unidad de aprendizaje 1
Funcionamiento del nuevo sistema de cotización para trabajadores autónomos

Unidad de aprendizaje 2
Mejoras de la protección social y por el cese de actividad

OBJETIVOS GENERALES

Los objetivos generales del título **Nuevo sistema de cotización para las personas trabajadoras autónomas. CTRE0008,** son los siguientes:

- ➲ Aplicar el nuevo sistema de cotización a la Seguridad Social para las personas trabajadoras autónomas, que entró en vigor el 1 de enero de 2023.
- ➲ Descubrir las medidas propuestas por el Real Decreto-ley 13/2022, de 26 de julio, conducentes a mejorar la protección social y por cese de actividad del trabajador autónomo.

Funcionamiento del nuevo sistema de cotización para trabajadores autónomos

Contenido

Objetivos

El objetivo general de esta Unidad de Aprendizaje es:

→ Aplicar el nuevo sistema de cotización a la Seguridad Social para las personas trabajadoras autónomas, que entró en vigor el 1 de enero de 2023.

Los objetivos específicos de esta Unidad de Aprendizaje son:

→ Explicar el funcionamiento del sistema de cotización para los trabajadores por cuenta propia o autónomos.

→ Calcular los rendimientos netos computables implicados en la aplicación del sistema de cotización.

→ Presentar las tablas general y reducida de tramos que se utilizarán en el año 2025.

→ Considerar los cambios en el sistema a partir del año 2032.

→ Describir las características que presenta el RETA cuando se inicia una actividad nueva.

→ Definir el importe, los requisitos y el proceso de solicitud de prórroga que caracteriza la tarifa plana del sistema de cotización de autónomos.

1. Introducción

Como trabajador autónomo, comprender el sistema de cotización es una de las claves para un manejo eficiente y estratégico de las finanzas personales y profesionales. Este conocimiento no solo es vital para asegurar una correcta contribución al sistema de Seguridad Social, sino que también permite planificar el futuro económico con la certeza de contar con el respaldo adecuado para cubrir posibles contingencias.

El nuevo sistema de cotización para personas trabajadoras por cuenta propia trae consigo importantes modificaciones destinadas a armonizar la colaboración de dichas personas con los sistemas públicos de protección social, ajustándose a su capacidad contributiva real. Esto se traduce en la presentación de criterios más justos que toman en cuenta diferentes niveles de ingresos. Por lo tanto, la comprensión y adaptación a estas normativas no solo aseguran el cumplimiento de obligaciones, sino que también permiten explotar las oportunidades que se derivan de un sistema diseñado para ofrecer mayor equidad.

Además, prever la cotización más adecuada al inicio de actividad ofrece a quienes dan sus primeros pasos en el mundo autónomo la oportunidad de cimentar una estructura financiera que les permita crecer de manera sostenida, sin que las contribuciones se conviertan en una carga. El concepto de tarifa plana es un gran aliado en este proceso inicial.

El conocimiento actualizado sobre los sistemas de cotización habilita a los trabajadores autónomos para operar con confianza dentro del marco legal, maximizando las ventajas ofrecidas por las nuevas normas. En esta unidad nos guiaremos por los cambios que Camilo tiene que introducir para cumplir con sus obligaciones de cotización a la Seguridad Social como autónomo de un negocio de alquiler de vehículos.

2. Funcionamiento del nuevo sistema de cotización

 **HILO CONDUCTOR**

La asesoría de Camilo le ha comunicado que va a recibir una serie de correos electrónicos para informarle de todos los detalles del nuevo sistema de cotización

Continúa en página siguiente >>

<< Viene de página anterior

a la Seguridad Social. Este sistema le va a ofrecer garantías en la gestión óptima de sus obligaciones con este organismo y, a su vez, va a promover su crecimiento profesional sostenible. En este primer *e-mail*, Camilo recibe información sobre el funcionamiento del sistema.

El inicio de un nuevo paradigma en el sistema de cotización para los trabajadores autónomos está marcado por la implementación de este esquema, que pretende establecer una serie de normativas y procedimientos que mejoren las aportaciones a la Seguridad Social dentro de este sector. Es relevante conocer las bases legales que impulsaron esta transformación y el funcionamiento exacto de este sistema.

Con la reforma del sistema de cotización introducida por el **Real Decreto-ley 13/2022, de 26 de julio,** por el que se establece un nuevo sistema de cotización para los trabajadores por cuenta propia o autónomos y se mejora la protección por cese de actividad, se persigue cumplir con los principios de contributividad y de solidaridad que fundamentan el sistema de pensiones, lo cual hasta 2022 no se estaba consiguiendo con el sistema de cotización del Régimen Especial de los Trabajadores Autónomos (RETA).

 PARA SABER MÁS

Puedes consultar el Real Decreto-ley 13/2022, de 26 de julio, en el siguiente enlace:

https://redirectoronline.com/ctre00080101

 **DEFINICIÓN**

Trabajador por cuenta propia o autónomo

En la página web de la Seguridad Social se define al trabajador por cuenta propia o autónomo como "aquel que realiza de forma habitual, personal y directa una actividad económica a título lucrativo, sin sujeción por ella a contrato de trabajo y aunque utilice el servicio remunerado de otras personas, sea o no titular de empresa individual o familiar".

El sistema de cotización regulado por esta norma se basa en una reorganización completa de la base de cotización de los trabajadores autónomos, alineándola con los ingresos reales que perciben. Su objetivo principal es establecer un sistema más justo y realista, que permitirá **ajustar las cuotas de manera que los trabajadores autónomos aporten conforme a sus posibilidades económicas.**

Con el nuevo sistema, se busca no solo recaudar de forma más equitativa, sino también **ofrecer a los trabajadores autónomos beneficios más tangibles y ajustados a sus necesidades.** Entre estos beneficios se encuentran medidas como una mayor cobertura en casos de cese de actividad, así como en contingencias comunes y profesionales. Esto garantiza que las contribuciones realizadas se traduzcan en una protección social robusta y adecuada para los trabajadores.

Este enfoque tiene la ventaja de proporcionar una mayor flexibilidad y equidad, al tiempo que ajusta las cargas a las realidades económicas de cada persona trabajadora autónoma.

La comunicación y el cumplimiento de las normas establecidas por la Administración será de vital importancia para un funcionamiento eficiente del sistema. Es por ello que se ha habilitado el portal **Importass** de la Tesorería General de la Seguridad Social (TGSS), para facilitar esta interacción entre los trabajadores autónomos y la Administración. Este portal servirá no solo como medio para realizar comunicaciones, sino también como fuente de información y asesoramiento sobre el proceso de cotización.

En líneas generales, este puede ser el procedimiento por el que se rige el nuevo sistema de cotización para los trabajadores por cuenta propia:

1

- Cálculo de los rendimientos netos previsibles del año, según las normas legales reguladoras del Impuesto sobre la Renta de las Personas Físicas.

2

- Asignación del tramo de las tablas de cotización (general o reducida) recogidas en el sistema, según los rendimientos netos calculados, para así conocer la base de cotización mínima y máxima provisional que le corresponde al autónomo. Una vez elegida libremente la base de cotización de entre los importes del rango, se calcula la cuota provisional aplicando los tipos a los distintos conceptos.

3

- Regularización de las cuotas provisionales en función de los datos del Impuesto sobre la Renta de las Personas Físicas del año siguiente del trabajador autónomo y obtención de la base y cuota de cotización definitiva.

🎥 VÍDEO

El portal Importass de la Tesorería General de la Seguridad Social ofrece diferentes servicios a los autónomos y a otros profesionales. Accede al enlace para conocer más sobre él.

Continúa en página siguiente >>

<< Viene de página anterior

https://redirectoronline.com/ctre00080103

Las **reglas** para determinar la base de cotización y la cuota a pagar provisionales que se incluyen en la norma reguladora de este sistema son:

1.ª En función de la previsión del promedio mensual de los rendimientos netos del año se elige la base de cotización mensual de entre el importe mínimo y máximo del tramo correspondiente de la tabla general de bases recogida en la DT 1ª del Real Decreto-ley 13/2022.

2.ª Si los rendimientos netos así calculados son inferiores a los que determinan el límite mínimo del tramo 1 de la tabla de bases general, se debe consultar la tabla de bases reducida incluida en la misma disposición transitoria y aplicar la metodología del apartado anterior.

3.ª La cotización se calcula aplicándole a la base elegida por el trabajador autónomo, de entre las bases mínimas y máximas del tramo, los tipos de cotización que se publican anualmente para los trabajadores incluidos en el RETA, en relación a las contingencias comunes y profesionales, cese de actividad, formación profesional y Mecanismo de Equidad Intergeneracional (MEI).

 **EJEMPLO**

Cecilio, como trabajador autónomo, está aplicando el nuevo sistema de cotización. Prevé que en 2025 sus rendimientos netos mensuales van a ser

Continúa en página siguiente >>

<< Viene de página anterior

de 1.087,91 €. Para determinar la base de cotización y la cuota provisional que se aplicará durante el año, realiza los siguientes pasos:

- Paso 1: comprueba en qué tramo de la tabla de bases general para 2025 se encuentra el importe de sus rendimientos. En este caso, constata que sus rendimientos (1.087,91 €) son inferiores al límite inferior del tramo 1 de dicha tabla (≥1.166,70 y ≤1.300).
- Paso 2: como se da el caso de que los rendimientos son inferiores, hay que ver en qué tramo de la tabla de bases reducida para 2025 se sitúan. Comprueba que su importe (1.087,91 €) está incluido en el tramo 3 de dicha tabla (>900 y <1.166,70), por lo que debe elegir una base de cotización entre la base mínima y máxima de ese tramo (849,67 € y 1.166,70 €).
- Paso 3: a la base de cotización elegida por Cecilio, se le aplican los tipos de cotización vigentes para el año 2025 con respecto a las contingencias comunes (28,30 %), contingencias profesionales (1,30 %), cese de actividad (0,90 %), formación profesional (0,10 %) y MEI (0,8 %).

 PARA SABER MÁS

La base de cotización obtenida cubre todas las contingencias y las situaciones amparadas por la acción protectora del Régimen Especial de Trabajadores Autónomos. Accede al siguiente enlace y visualiza información al respecto:

https://redirectoronline.com/ctre00080102

2.1. Cambios en la base de cotización

El sistema de cotización permite a los trabajadores por cuenta propia incluidos en el RETA **modificar la base de cotización** por la que han estado obligados a cotizar, seleccionando otra dentro del rango de las bases mínimas y máximas aplicables en el año. Se permite realizar **hasta seis modificaciones** de la base de cotización durante el año.

Sin embargo, algunos autónomos tienen límites para elegir esta nueva base, y deben seguir las reglas 4.ª y 5.ª del artículo 308.1 a) de la Ley General de la Seguridad Social (LGSS). Por ello:

Autónomos colaboradores, según el art. 305.2. k) de la LGSS

Base de cotización mínima del grupo 7 del régimen general de la Seguridad Social.

Autónomos administradores y socios trabajadores, según el art. 305.2. b) y e) de la LGSS

Base de cotización mínima del grupo 7 del régimen general de la Seguridad Social.

Altas de oficio en RETA, por la Inspección de Trabajo y Seguridad Social

Base de cotización mínima del tramo 1 de la tabla general del nuevo sistema, excepto que la inspección en el alta de oficio hubiera indicado otra base de cotización mensual superior.

Los cambios surtirán efecto en periodos diferentes, dependiendo de cuándo se haya presentado la solicitud de cambio:

Entre el 1 de enero y el último día natural de febrero
- 1 de marzo

Entre el 1 de marzo y el 30 de abril
- 1 de mayo

Continúa en página siguiente >>

<< Viene de página anterior

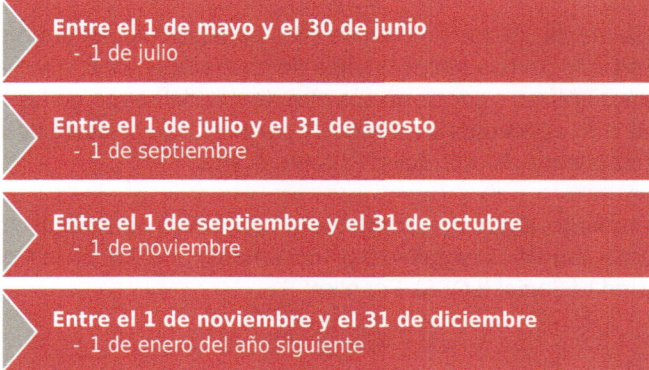

Entre el 1 de mayo y el 30 de junio
- 1 de julio

Entre el 1 de julio y el 31 de agosto
- 1 de septiembre

Entre el 1 de septiembre y el 31 de octubre
- 1 de noviembre

Entre el 1 de noviembre y el 31 de diciembre
- 1 de enero del año siguiente

La **presentación de la solicitud de cambio** se realiza en el portal Importass siguiendo estos pasos:

- **Acceso e identificación.** Hay que acceder al portal pulsando el botón **Entrar en tu área personal** de la página https://portal.seg-social.gob. es/wps/portal/importass/importass/inicio y elegir, a continuación, un método de identificación entre las opciones: Cl@ve Permanente, Cl@ve Móvil, SMS, DNIe o certificado electrónico.
- **Modificación.** En el bloque *Trabajo autónomo* hay que acceder a *Ver tus datos de autónomo.* Se debe pulsar el botón **Modificar** del enlace *Cuota y cotización* e introducir el nuevo importe de los rendimientos netos previstos.
- **Visualización y selección.** Se visualiza el nuevo tramo de bases de cotización que corresponde según los datos introducidos y, de esta forma, el trabajador por cuenta propia ya puede seleccionar la nueva base.
- **Comprobación, firma y descarga.** Por último, el autónomo comprueba los datos finales y, si está conforme, firma la solicitud de cambio. También tiene la posibilidad de descargar la documentación del trámite realizado, si lo necesita.

NOTA

La solicitud de modificación debe ir acompañada de una declaración del promedio mensual de los rendimientos netos anuales derivados de la actividad del trabajador autónomo, en el año en el que surta efecto la modificación de la base de cotización.

◎ **EJEMPLO**

Para ilustrar de una forma sencilla el funcionamiento del nuevo sistema, consideremos el caso de estas dos personas trabajadoras autónomas:

- Patricia declara unos ingresos anuales estimados en 30.000 € al inicio del año. Durante el primer semestre, sus ingresos reales son de 15.000 €, lo que se alinea con sus predicciones. Durante el segundo semestre, sin embargo, consigue nuevos clientes y sus ingresos se elevan a 25.000 €. Como a lo largo del año están permitidos hasta seis ajustes, podrá modificar su base para los meses siguientes, sin tener que esperar al final del año.
- Jorge proyecta unos ingresos por valor de 18.000 € para el año completo, pero, debido a una crisis sectorial, sus ingresos solo alcanzan los 10.000 € en el primer semestre. Con el sistema anterior, habría estado contribuyendo en exceso respecto a su capacidad. El nuevo sistema le permite modificar su contribución a la realidad financiera ajustando su base hasta seis veces al año.

2.2. Regularización de la cotización en el RETA

El carácter provisional de las bases de cotización mensuales determinadas según las reglas del Real Decreto-ley 13/2022 hace necesario que sean regularizadas conforme a las normas contenidas en el artículo 308.1 c) de la LGSS. Esta regularización tiene como objetivo **determinar las bases de cotización y las cuotas mensuales definitivas del año,** para conocer si existen o no diferencias con lo que se ha ido cotizando. Se realiza en función de los rendimientos anuales que el trabajador autónomo declara en su IRPF del año siguiente.

La regularización **es un proceso automático** que realiza la Tesorería General de la Seguridad Social junto con la Agencia Tributaria, en el que el autónomo no tiene que intervenir. Solo debe estar atento a las notificaciones que, al respecto, pueden llegar a la Sede Electrónica de la Seguridad Social, al portal DEHú o a Mi Carpeta Ciudadana.

VÍDEO

Aunque el trabajador autónomo no tiene implicación en la regularización de su cotización, no está de más que conozca su funcionamiento. Accede a este vídeo del canal de la Seguridad Social, que lo explica de forma sencilla:

https://redirectoronline.com/ctre00080104

El **resultado de la regularización** va a depender de la cotización provisional aplicada por el trabajador autónomo y de las bases de cotización definitivas calculadas en el proceso. Se pueden dar **dos casos:**

Cotización provisional < cotización definitiva	Cotización provisional > cotización definitiva
- El trabajador autónomo ha de realizar un ingreso por la diferencia entre ambas cuotas de cotización, y el plazo es hasta el último día del mes siguiente al de la notificación de la regularización.	- Como procede una devolución por la diferencia entre ambas cotizaciones, la TGSS actuará de oficio y devolverá el importe antes del 30 de abril del ejercicio siguiente a aquel en que la Agencia Tributaria comunicó los rendimientos computables a la Tesorería.

IMPORTANTE

No procede regularización cuando la base de cotización definitiva está incluida en el rango de las bases de cotización mínima y máxima del tramo correspondiente a los rendimientos reales.

ACTIVIDAD COMPLEMENTARIA

1. Los trabajadores autónomos, en general, están acogidos al sistema de cotización del RETA, con una salvedad. Busca información en internet sobre qué colectivo no puede aplicar este sistema y cómo se determinarán sus bases de cotización en su caso.

3. Cálculo de los ingresos computables a efectos de cotización

 HILO CONDUCTOR

Con el antiguo sistema, Camilo tiene la libertad de elegir su base de cotización dentro de ciertos márgenes, independientemente de sus ingresos reales. Sin embargo, el nuevo sistema vincula estrechamente la base de cotización a sus ingresos reales; de ahí que su asesor le explique cómo debe obtener el importe correcto sobre sus rendimientos a efectos de cotización.

Para la determinación de los ingresos computables que constituyen las bases de cotización del trabajador por cuenta propia o autónomo, se debe entender cómo el sistema define tales ingresos. Los **ingresos computables** son aquellos que reciben los trabajadores autónomos en el contexto de su actividad económica, empresarial o profesional, independientes de aquellos otros que no están relacionados con estas actividades. Estos ingresos se refieren a cada ejercicio fiscal y a cada autónomo, ya sea trabajador individual o societario.

El cálculo de estos ingresos se realiza compaginando las directrices que recoge el Real Decreto-ley del nuevo sistema de cotización junto con las **normas establecidas para el Impuesto sobre la Renta de las Personas Físicas (IRPF),** recogidas en su ley (Ley 35/2006, de 28 de noviembre) y en su reglamento (Real Decreto 439/2007, de 30 de marzo).

El Impuesto sobre la Renta de las Personas Físicas es el principal implicado en la correcta determinación de los rendimientos netos computables del trabajador autónomo.

 PARA SABER MÁS

Si quieres profundizar en las normas legales reguladoras de los rendimientos de actividades económicas, que se incluyen tanto en la ley como en el reglamento del IRPF, accede al siguiente enlace del Código de Legislación Tributaria del BOE y consulta su apartado.

https://redirectoronline.com/ctre00080105

Las normas de cálculo de los rendimientos netos computables de la actividad económica del trabajador por cuenta propia o autónomo son distintas en función del método de estimación del IRPF por el que tributa. Existen dos métodos principales, y las **normas de determinación** de estos rendimientos son:

- **Método de estimación directa.** El rendimiento computable se obtiene añadiendo al rendimiento neto el importe de las cuotas de la Seguridad Social y las aportaciones a mutualidades del titular.
- **Método de estimación objetiva.** Para la determinación del rendimiento computable, en este caso hay que diferenciar entre dos tipos de actividades:

  - En las actividades agrícolas, forestales y ganaderas se corresponde con el rendimiento neto minorado.
  - En el resto de actividades se corresponde con el rendimiento neto previo.

 CONSEJO

En la determinación del rendimiento neto, ya sea por el método de estimación directa (normal o simplificada) o por el método objetivo, se recomienda consultar el manual práctico de IRPF que publica anualmente la Agencia Tributaria, donde se incluyen todas las novedades del ejercicio a tributar.

El **rendimiento neto en estimación directa** es la diferencia entre los ingresos y los gastos ocasionados en la actividad, descontando las provisiones fiscalmente deducibles en la modalidad normal. Concretamente, son:

INGRESOS (+)	GASTOS (-)
- Ingresos de explotación - Ingresos financieros derivados del aplazamiento o fraccionamiento de operaciones - Ingresos de subvenciones corrientes - Imputaciones de ingresos por subvenciones de capital - Autoconsumo de bienes y servicios - IVA devengado (1) - Otros ingresos - Transmisión de elementos patrimoniales con libertad de amortización (2) - Variación de existencias (3)	- Compra de mercaderías - Variación de existencia de mercaderías (4) - Otros consumos de explotación - Sueldos y salarios - Seguridad Social a cargo de la empresa - Seguridad Social o aportaciones a mutualidades alternativas - Indemnizaciones - Dietas y asignaciones de viaje del personal - Aportaciones a sistemas de previsión social a favor de trabajadores - Otros gastos de personal - Gastos de manutención del titular en el desarrollo de su actividad

INGRESOS (+)	GASTOS (-)
	- Arrendamientos y cánones
	- Reparaciones y conservación
	- Suministro (5)
	- Otros suministros
	- Servicios profesionales independientes
	- Primas de seguro
	- Otros servicios exteriores
	- Gastos financieros
	- IVA soportado (1)
	- Otros tributos fiscalmente deducibles
	- Dotaciones para amortización del inmovilizado material e intangible
	- Pérdidas por insolvencia de deudores
	- Incentivos fiscales al mecenazgo (6)
	- Otros gastos fiscalmente deducibles (7)

(1) Por ejemplo, recargo de equivalencia y recargo de agricultura, ganadería y pesca.
(2) Se computa el exceso de amortización deducida respecto de la amortización deducible.
(3) Solo si hay un aumento de existencias al final del ejercicio.
(4) Solo si hay una disminución de existencias al final del ejercicio.
(5) En este apartado se incluyen luz, agua, gas, telefonía e internet.
(6) Convenios de colaboración en actividades de interés general y gastos en actividades de interés general.
(7) Salvo provisiones.

En la modalidad simplificada del método de estimación directa, el rendimiento neto se calcula de igual forma que en la modalidad normal, pero la diferencia entre los ingresos y los gastos se ve disminuida por las provisiones deducibles y los gastos de difícil justificación (5 % sobre la diferencia positiva).

 **EJEMPLO**

Considere un trabajador autónomo que durante un ejercicio tiene los siguientes ingresos:

- Honorarios de servicios prestados: 15.000 €
- Ventas de productos: 5.000 €

Como gastos deducibles, tiene los siguientes:

- Alquiler del local: 1.200 €

Continúa en página siguiente >>

<< Viene de página anterior

- Materiales: 2.300 €
- Suministros: 500 €

No ha dotado provisiones durante el ejercicio.

El cálculo de los rendimientos netos es:

- Ingresos totales: 20.000 €
- Gastos totales: 4.000 €
- Rendimiento neto: 16.000 €

De acuerdo con este sistema, el trabajador autónomo deberá cotizar en función de sus ingresos netos computables, que se corresponden con el rendimiento neto, es decir, 16.000 €.

Los **esquemas de cálculo** tanto del rendimiento neto previo como del rendimiento neto minorado del **método de estimación objetiva** son, para cada caso, los siguientes:

ACTIVIDADES AGRÍCOLAS, FORESTALES Y GANADERAS	**RESTO DE ACTIVIDADES**
Volumen total de ingresos	N.º unidades de los módulos
	(x) Rendimiento anual por unidad
(x) Índice de rendimiento neto	
(=) Rendimiento neto previo	**(=) Rendimiento neto previo**
(-) Reducción por adquisición de gasóleo agrícola: 35 %	
(-) Reducción por adquisición de fertilizantes: 15 %	
(-) Amortización del inmovilizado material e intangible (excluidas actividades forestales)	
(=) Rendimiento neto minorado	

 **EJEMPLO**

Pepe tiene un bar en su barrio en un local alquilado y no desarrolla ninguna otra actividad. Además de él, en el bar trabajan dos cocineras y tres camareros a jornada completa que, según establece el convenio colectivo del sector, se fija en 1.800 h anuales. El bar cuenta con una barra de 15 m, 10 mesas para cuatro personas, dos máquinas recreativas (una de tipo A y otra de tipo B) y tiene contratada una potencia eléctrica de 50 kW.

El rendimiento neto computable para conocer su base y su cuota de cotización se corresponde con el rendimiento neto previo, ya que tributa por el método de estimación objetiva en actividades distintas a agrícolas, forestales y ganaderas.

Para aplicar el esquema de cálculo del rendimiento neto previo, se debe consultar la orden ministerial que publica anualmente el BOE y que incluye el rendimiento por unidad de módulo de la actividad concreta según el epígrafe del IAE en el que esté encuadrado Pepe.

Según la orden ministerial y los datos del bar de Pepe, el número de unidades computables de cada módulo son:

- Módulo 1. Personal asalariado: dos cocineras y tres camareros (5 x 1.800 h) / 1.800 = 5 personas
- Módulo 2. Personal no asalariado: el titular del bar (Pepe) = 1 persona
- Módulo 3. Potencia eléctrica: potencia contratada: 50,00 kw/h
- Módulo 4. Mesas: 10 mesas para cuatro personas
- Módulo 5. Longitud de barra: 15 m
- Módulo 6. Máquinas recreativas tipo A = 1 máquina
- Módulo 7. Máquinas recreativas tipo B = 1 máquina

Módulo	N.º unidades	Rendimiento por unidad	Rendimiento por módulo
1. Personal asalariado	5	4.056,30	20.281,50
2. Personal no asalariado	1	15.538,66	15.538,66
3. Potencia eléctrica	50	321,23	16.061,50
4. Mesas	10	233,04	23.304
5. Longitud de barra	15	371,62	5.574,30

Continúa en página siguiente >>

<< Viene de página anterior

Módulo	N.º unidades	Rendimiento por unidad	Rendimiento por módulo
6. Máquinas tipo A	1	957,39	957,39
7. Máquinas tipo B	1	2.903,66	2.903,66
Rendimiento neto previo			84.621,01

Rendimiento neto computable = Rendimiento neto previo = 84.621,01

El trabajador por cuenta propia puede desarrollar sus actividades económicas adoptando otras formas legales, lo que influye en la determinación del rendimiento neto. Para estos casos, la ley reguladora del nuevo sistema de cotización incluye las siguientes **reglas:**

- **Entidades en atribución de rentas.** En el supuesto de los rendimientos de actividades económicas imputados al trabajador autónomo por entidades en atribución de rentas, el rendimiento computable va en función del método de estimación al que esté acogido. De esta forma:

  - Método de estimación directa: rendimiento neto
  - Método de estimación objetiva (actividades agrícolas, forestales y ganaderas): rendimiento neto minorado
  - Método de estimación objetiva (resto de actividades): rendimiento neto previo

- **Autónomos administradores, art. 305.2 b) de la LGSS.** El rendimiento neto será igual a la suma de estos términos:

  - Los rendimientos íntegros (dinerarios o en especie) totales obtenidos por la participación en los fondos propios de las entidades en las que el trabajador autónomo tenga una participación igual o superior al 33 % del capital social, o sea administrador en un tanto por ciento igual o superior al 25 %.
  - Los rendimientos del trabajo totales por su actividad propia en estas entidades. De forma adicional a estos, se computan los rendimientos íntegros de trabajo o capital mobiliario, por ser socio trabajador de una cooperativa de trabajo asociado incluida en el RETA.

- **Autónomos societarios, art. 305.2 c), d) y e) de la LGSS.** Si el trabajador autónomo se encuentra en alguna de las situaciones incluidas en los apartados de este artículo, para el cálculo del rendimiento neto se computan no solo los rendimientos del apartado anterior, sino también los rendimientos íntegros de trabajo o capital mobiliario (dinerarios o en especie) por su condición de socio o comunero.

 **DEFINICIÓN**

Entidades en régimen de atribución de rentas
Las entidades que tienen esta consideración, según la Resolución de 6 de febrero de 2020 de la Dirección General de Tributos son:

- Las sociedades civiles que no tengan personalidad jurídica.
- Las sociedades civiles con personalidad jurídica que no tienen objeto mercantil (a partir del 1 de enero de 2016).
- Las herencias yacentes.
- Las comunidades de bienes.
- Cualquier entidad carente de personalidad jurídica que constituya una unidad económica o un patrimonio separado susceptible de imposición.
- Las entidades constituidas en el extranjero cuya naturaleza jurídica sea idéntica o análoga a la de las entidades en atribución de rentas constituidas de acuerdo con las leyes españolas.

Cooperativas de trabajo asociado
Según el art. 80 de la Ley de Cooperativas: "Son cooperativas de trabajo asociado las que tienen por objeto proporcionar a sus socios puestos de trabajo, mediante su esfuerzo personal y directo, a tiempo parcial o completo, a través de la organización en común de la producción de bienes o servicios para terceros. También podrán contar con socios colaboradores".

A los rendimientos netos anuales obtenidos en aplicación de las reglas anteriores, se les practica una **deducción por gastos genéricos** en los siguientes términos:

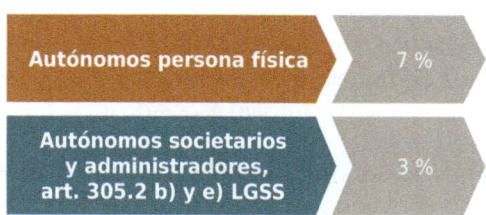

Autónomos persona física — 7 %

Autónomos societarios y administradores, art. 305.2 b) y e) LGSS — 3 %

IMPORTANTE

La aplicación de la deducción del 3 % está supeditada a haber estado de alta durante 90 días en el RETA, como consejero o administrador —art. 305.2 b)— o como socio trabajador de sociedades laborales —art. 305.2 e)— durante el periodo que está sometido a regularización.

---

4. Tramos aprobados para los años 2023, 2024 y 2025

☞ HILO CONDUCTOR

El asesor de Camilo le envía un nuevo correo electrónico con información relacionada con el nuevo sistema de cotización de autónomos. En él se incluyen las tablas general y reducida con los tramos por rendimientos que debe aplicar para elegir su base de cotización, por la que de forma provisional determinará la cuota por la que cotizará durante el periodo.

En la evolución del sistema de cotización para los trabajadores autónomos, el establecimiento de tramos refleja un intento de adaptación del régimen a las realidades económicas actuales. Los tramos definidos para los años 2023, 2024 y 2025 tienen un propósito fundamental: garantizar que las contribuciones sean proporcionales a los ingresos reales de los trabajadores autónomos, fomentando así la sostenibilidad del sistema y ofreciendo una cobertura adecuada a los cotizantes.

Los **tramos de cotización** son categorías, clasificaciones o niveles en los que se agrupan los diferentes ingresos de los autónomos para calcular su base de cotización. Estos tramos reflejan unas franjas de ingresos mensuales que permiten determinar cuánto debe contribuir cada autónomo a la Seguridad Social. **El concepto de tramos se vincula estrechamente al de progresividad,** donde aquellos con mayores ingresos contribuyen más, mientras que los que tienen ingresos más bajos aportan menos, respondiendo a la capacidad económica de cada uno.

NOTA

La implementación de este sistema incide notablemente en la equidad y busca mejorar las condiciones de protección social.

El Real Decreto-ley 13/2022, en su Disposición Transitoria Primera, recoge las tablas reducida y general para los años 2023, 2024 y 2025. Los tramos para este último año son los que se muestran a continuación:

		Tramos de rendimientos netos 2025 - Euros/mes	Base mínima - Euros/mes	Base máxima - Euros/mes
Tabla reducida	Tramo 1	≤670	653,59	718,94
	Tramo 2	>670 y ≤900	718,95	900
	Tramo 3	>900 y <1.166,70	849,67	1.166,70
Tabla general	Tramo 1	≥1.166,70 y ≤1.300	950,98	1.300
	Tramo 2	>1.300 y ≤1.500	960,78	1.500
	Tramo 3	>1.500 y ≤1.700	960,78	1.700
	Tramo 4	>1.700 y ≤1.850	1.143,79	1.850
	Tramo 5	>1.850 y ≤2.030	1.209,15	2.030
	Tramo 6	>2.030 y ≤2.330	1.274,51	2.330
	Tramo 7	>2.330 y ≤2.760	1.356,21	2.760
	Tramo 8	>2.760 y ≤3.190	1.437,91	3.190
	Tramo 9	>3.190 y ≤3.620	1.519,61	3.620
	Tramo 10	>3.620 y ≤4.050	1.601,31	4.050
	Tramo 11	>4.050 y ≤6.000	1.732,03	4.909,50
	Tramo 12	>6.000	1.928,10	4.909,50

SABÍAS QUE...

A partir de enero de 2026, el trabajador autónomo debe consultar la tabla de tramos reducida y general del próximo calendario de aplicación previsto por el Gobierno para el siguiente periodo que, como máximo, será de seis años.

PARA SABER MÁS

Si quieres consultar las tablas general y reducida de los años 2023 y 2024, accede a este enlace de la normativa y consulta la Disposición Transitoria Primera:

https://redirectoronline.com/ctre00080101

APLICACIÓN PRÁCTICA

Celia es una abogada autónoma acogida al Régimen Especial de Trabajadores Autónomos. Ha previsto que sus rendimientos netos mensuales pueden alcanzar este año la cantidad de 3.190 €/mes. Según el nuevo sistema de cotización por tramos, ¿cuál será la base de cotización mínima a partir de la cual debe elegir su base de cotización provisional?

Solución

Para conocer la base de cotización mínima en función de los rendimientos netos previstos, se realizan las siguientes acciones:

Continúa en página siguiente >>

<< Viene de página anterior

- Identificar qué tabla del año 2025 hay que consultar. Como los rendimientos ascienden a 3.190 €/mes, la tabla de tramos que corresponde es la general.
- Delimitar el tramo por el que se determina el rango de bases de cotización. En la columna de tramos de rendimientos netos se busca el tramo en el que está incluida la cantidad de 3.190. En este caso, es el tramo 8, comprendido entre >2.760 y ≤3.190.
- Definir las bases de cotización. Tras conocer que le pertenece el tramo 8 de la tabla general, se comprueba que su rango de bases va desde 1.437,91 € a 3.190 €. Así, su base de cotización mínima es 1.437,91 €/mes.

Los ejemplos que se muestran a continuación permiten vislumbrar cómo el sistema de tramos, diseñado para 2023-2025, ofrece una estructura adaptable, buscando maximizar la eficiencia y equidad en el sistema de cotización para autónomos. Dichos tramos anuales no solo reflejan una política fiscal evolutiva, sino que también ponen de manifiesto un compromiso claro con los principios de equidad y sostenibilidad de cara a un futuro de estabilidad económica para este segmento vital de la fuerza laboral.

Para saber cómo afectan los tramos a distintos tipos de autónomos, consideremos estos **ejemplos:**

Autónomo innovador tecnológico
- Con ingresos netos de aproximadamente 1.500 € mensuales, se clasificará probablemente en el tercer tramo, y se le otorgará la posibilidad de ajustar sus aportes conforme fluctúan sus ingresos debido a la alta demanda estacional.

Freelancer creativo
- Posee ingresos en el umbral de 700 € mensuales. Esto significaría una contribución mínima acorde con sus ingresos, manteniendo el acceso a una cobertura esencial sin comprometer su presupuesto básico mensual.

Consultor empresarial de alta demanda
- Ingresa más de 4.000 € mensuales, y estará probablemente en el tramo más alto, lo que implica una contribución significativa, proporcional al éxito y volumen financiero obtenido.

5. Cotización a partir del año 2032

☞ HILO CONDUCTOR

Con toda la información que le está enviando el asesor, a Camilo le ha surgido una duda sobre cómo deberá proceder una vez finalizado el año 2025. Este le informa de que, por el momento, solo hay instrucciones legales hasta ese año. A partir del siguiente, se publicarán nuevas normas, aunque para 2032 el Real Decreto-ley ya da algunas pinceladas de cómo se aplicará.

Con las lecciones aprendidas en los primeros años de implementación del nuevo sistema de cotización para los trabajadores autónomos, **el año 2032 se perfila como un hito que marcará la consolidación de estas políticas.** A lo largo de esta década, el sistema pasará por diversas fases de ajuste y evaluación, que permitirán una adecuación más precisa y justa, además de fomentar un ecosistema económico más sostenible para los individuos que eligen el camino del trabajo autónomo.

Desde su introducción, el sistema de cotización ha sido objeto de revisiones periódicas, cuyo objetivo ha sido adaptar los tramos a las cambiantes realidades económicas y sociales que enfrentan los autónomos.

El año 2032 representa un nuevo salto cualitativo para el sistema de cotización de los trabajadores por cuenta propia o autónomos.

Las bases de cotización definitivas, obtenidas en la regularización y calculadas según las reglas incluidas en el artículo 308.1 c) de la Ley General de la Seguridad Social, se determinarán de forma distinta **a partir del 1 de enero**

de 2032. La Disposición adicional primera del Real Decreto-ley 3/2022 establece como norma lo siguiente:

[...] se fijarán en función de los rendimientos netos obtenidos anualmente por los trabajadores por cuenta propia o autónomos por su actividad económica o profesional, dentro de los límites de las bases de cotización máxima y mínima que se determinen en la correspondiente Ley de Presupuestos Generales del Estado.

 PARA SABER MÁS

Si quieres recordar las normas que se incluyen en el artículo 308.1 c) de la Ley General de la Seguridad Social, accede a este enlace:

https://redirectoronline.com/ctre00080106

6. Cotización al inicio de la actividad

 HILO CONDUCTOR

Ariadna, amiga de Camilo, trabaja para varias empresas como *freelance* diseñando sus campañas de publicidad y ha decidido darse de alta como autónoma. En la información que ha recibido Camilo de su asesoría sobre las novedades de la cotización en el RETA, se incluyen cambios relacionados con la cotización al inicio de la actividad. Camilo se la envía por correo electrónico para que lo tenga en cuenta, ya que es información importante para ella.

La cotización al inicio de la actividad es un aspecto vital dentro del sistema de Seguridad Social para los trabajadores autónomos, ya que establece una base financiera para su protección y el acceso a beneficios concretos. Esta etapa marca el comienzo del compromiso económico que el autónomo adquiere con el sistema de Seguridad Social; de ahí la importancia de comprender sus aspectos fundamentales para tomar decisiones informadas.

Cuando un trabajador por cuenta propia va a **comenzar una actividad,** con carácter general, tiene que realizar **dos trámites:**

Darse de alta en el RETA de la Seguridad Social	Darse de alta en el Impuesto de Actividad Económica (IAE)

IMPORTANTE

Hay que matizar que el alta en el IAE no es obligatoria para los socios colectivos, socios de cooperativas, socios administradores, religiosos, familiares colaboradores y familiares de trabajadores agrarios.

El objeto del alta como autónomo radica no solo en el cumplimiento de una obligación legal, sino también en la posibilidad de acceder a las prestaciones de la Seguridad Social que están cubiertas por su régimen especial. Estas **prestaciones** son:

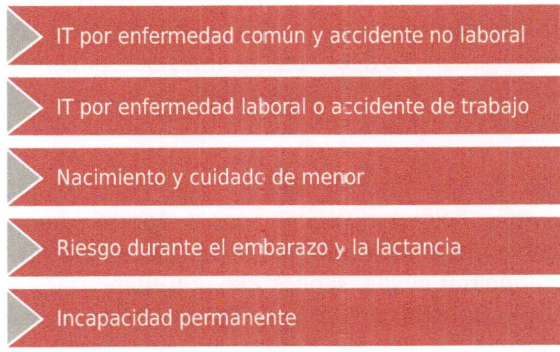

- IT por enfermedad común y accidente no laboral
- IT por enfermedad laboral o accidente de trabajo
- Nacimiento y cuidado de menor
- Riesgo durante el embarazo y la lactancia
- Incapacidad permanente

Continúa en página siguiente >>

<< Viene de página anterior

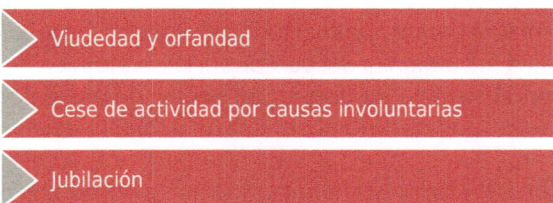

Viudedad y orfandad

Cese de actividad por causas involuntarias

Jubilación

PARA SABER MÁS

La página web de la Seguridad Social facilita al trabajador autónomo información sobre estas prestaciones. Accede a ella para conocerlas:

https://redirectoronline.com/ctre00080107

Como sabemos, el punto de partida para cualquier trabajador autónomo es el alta en el sistema correspondiente. Esto no solo formaliza el inicio de la actividad económica, sino que también es el inicio de la obligación de cotizar. Con carácter general se debe realizar antes del comienzo efectivo de la actividad, dado que es aquí donde se establece la estimación de los ingresos y la consecuente base de cotización.

El proceso de alta como trabajador autónomo se inicia accediendo al apartado *Altas, bajas y modificaciones* del portal Importass y, a continuación, accediendo al apartado *Alta en trabajo autónomo*. Dependiendo de quién va a realizar el alta, si el propio autónomo o un apoderado, se utilizará el botón **Solicitar alta** o **Solicitar alta como apoderado.** Para acceder definitivamente, hay que identificarse ante el sistema utilizando Cl@ve Permanente, Cl@ve Móvil, SMS, DNIe o certificado electrónico. El proceso consta de seis pasos:

1. **Fecha de inicio.** En el primer paso, hay que cumplimentar la fecha de inicio efectivo de la actividad como trabajador autónomo, es decir, el día en el que se comenzará a trabajar como tal. Si es una fecha posterior de más de 30 días, en este paso hay que elegir entre comenzar a cotizar desde el día indicado o el mes completo. Ejemplo: si el 1 de abril se realiza el proceso de alta y se indica el 10 de mayo como inicio de la actividad, el sistema dará como opciones cotizar desde el día 10 al 31 de mayo o cotizar desde el día 1 al 30 de mayo.

2. **Actividades del autónomo.** En este segundo paso, se cumplimenta toda esta información relacionada con la actividad que se desarrollará:

    ◑ El tipo de actividad o actividades que el autónomo va a iniciar. El sistema ofrece una serie de opciones, y se puede seleccionar más de una: voy a trabajar por mi cuenta o en mi negocio; voy a trabajar con un cliente principal; voy a constituir, tengo o formo parte de una sociedad; soy titular de una explotación agraria; voy a trabajar con un familiar autónomo; y formo parte de una institución religiosa.

    ◑ El código de CNAE o su descripción, a través de la cual el sistema propone un código relacionado.

    ◑ El organismo ante el que se declaran los impuestos (Agencia Tributaria, Diputación Foral, etc.) y el código del IAE.

    ◑ La pertenencia o no a un colegio profesional, si se realizan actividades que sean susceptibles de necesitar esta colegiación, como abogado, arquitecto, médico, etc.

    ◑ El domicilio donde se va a desarrollar la actividad del trabajador por cuenta propia, que puede ser distinto del de su residencia.

3. **Cuota y cotización.** Este paso comienza con una ventana informativa sobre la cuota, su pago y las prestaciones que están cubiertas con el sistema RETA.

    En la siguiente ventana hay que cumplimentar los rendimientos netos mensuales previstos para determinar la base mínima y máxima en función del tramo en el que se encuentre el trabajador autónomo. Existe un enlace a las tablas de tramo general y reducida para consulta y orientación. Según los rendimientos indicados, el sistema devuelve el tramo en el que se situarían, y las bases mínima y máxima de cotización que corresponderían. A continuación, hay que indicar la base de cotización elegida entre el rango mostrado.

    En otra ventana, se ofrece la posibilidad de acogerse a incentivos para reducir la cuota o a la tarifa plana (si es la primera vez que el autónomo se da de alta, o no estuvo de alta en los últimos dos años o no estuvo acogido a ella en los tres últimos años).

También hay que indicar si el autónomo está acogido al sistema de pluriactividad (cuando se compagina el trabajo por cuenta ajena y por cuenta propia).

En la última ventana de este paso se ha de elegir la entidad aseguradora o mutua que gestionará las coberturas por accidente, enfermedad, desempleo, etc. del trabajador por cuenta propia.

4. **Datos de contacto.** Cuando el trabajador autónomo introduce en este paso el correo electrónico de contacto y el teléfono móvil, está autorizando a la Seguridad Social para el envío de SMS o correos electrónicos informativos de interés. Para la verificación del teléfono móvil, el sistema envía un código de 8 dígitos por SMS para introducirlo en la pantalla de verificación y completar así este paso.

5. **Domiciliación bancaria.** En este paso se deben introducir los 24 caracteres del código IBAN de la cuenta bancaria en la que se cobrará la cuota de amortización correspondiente. Además, se debe confirmar si el trabajador autónomo es titular o no de la cuenta indicada.

6. **Revisión de los datos.** Como último paso, el sistema muestra una ventana con toda la información cumplimentada a lo largo del proceso, con el objetivo de que el trabajador autónomo pueda comprobar si todo es correcto y rectificar si fuera necesario. Con la conformidad a los datos introducidos, solo queda pulsar el botón **Firmar** y solicitar el alta, para que se genere una solicitud de alta a la Seguridad Social. Pasados unos días, el autónomo recibirá la notificación con la confirmación del alta y el documento oficial asociado a ella.

 IMPORTANTE

El Real Decreto-ley 13/2022 recoge una medida transitoria (DT 5.ª) sobre la cotización según la tarifa plana (art. 38 del Estatuto del Trabajo Autónomo), aplicable a los años 2023, 2024 y 2025 para los trabajadores por cuenta propia que se den de alta por primera vez en el RETA.

7. Tarifa plana

☞ HILO CONDUCTOR

Camilo se pone de nuevo en contacto con su amiga Ariadna para saber cómo le va en su nueva aventura empresarial. En la conversación que mantienen surge el tema de la tarifa plana y ella le comenta que había escuchado algo, pero que no ha modificado nada desde que se dio de alta en el régimen. Camilo le recomienda que hable con su asesoría para aplicar esta tarifa, ya que le puede resultar ventajosa en los primeros años de actividad.

La tarifa plana fue introducida como una medida de apoyo temporal a los nuevos autónomos, que les permitía beneficiarse de una **reducción significativa en la cuota** que deben abonar a la Seguridad Social durante los primeros periodos de actividad y antes de aplicarse definitivamente el sistema de cotización en base a los ingresos reales.

Originalmente, la idea surgió en respuesta a la necesidad de fomentar el emprendimiento y reducir las cargas iniciales que muchas veces disuaden a los profesionales a lanzarse a trabajar por su cuenta. En su evolución, la tarifa plana **ha sufrido diversas modificaciones** que apuntan a la ampliación de su duración, variaciones en el importe reducido e, incluso, diferenciación entre distintos tipos de autónomos (por ejemplo, las modificaciones que consideran el género, la ubicación geografica o el tipo de actividad desarrollada).

El principal atractivo de la tarifa plana reside en su capacidad para reducir la presión financiera en las etapas iniciales del negocio, estrategia que permite a los autónomos concentrarse en el crecimiento de su empresa sin la angustia de las altísimas cuotas mensuales.

Los trabajadores autónomos que quieran aplicar la tarifa plana cuando se den de alta en el RETA deben cumplir una serie de **requisitos:**

Periodos previos de alta

No puede haber estado de alta en:
- Los dos años anteriores a la fecha de la nueva alta.
- Los tres años anteriores a la fecha de la nueva alta, si ya se había aplicado la tarifa plana.

Tipo de autónomo

No puede ser autónomo colaborador.

Deudas

No pueden existir deudas con la Seguridad Social ni con la Agencia Tributaria.

 **DEFINICIÓN**

Autónomo colaborador

Es el familiar directo del trabajador por cuenta propia (por consanguinidad o afinidad hasta el segundo grado inclusive y por adopción) que trabaja para él de forma habitual en su centro de trabajo.

RECUERDA

En el paso 3 del proceso de alta en el régimen especial, que se realiza en el portal Importass, el autónomo puede elegir acogerse a la tarifa plana.

En 2025, según las características del trabajador autónomo, la **cuantía** de la tarifa plana es:

➲ **Trabajadores autónomos, en general.** La cuota para los trabajadores autónomos no incluidos en el apartado siguiente será de 80 € mensuales durante los primeros 12 meses. Se puede solicitar una ampliación de 12 meses más, si los ingresos netos son inferiores al Salario Mínimo Interprofesional (SMI).

➲ **Trabajadores autónomos, colectivos.** Las personas trabajadoras autónomas que tengan una discapacidad igual o superior al 33 %, sean víctimas de violencia de género o víctimas del terrorismo se aplicarán las siguientes cuotas reducidas:

  ◑ Cuota de 80 € mensuales durante los primeros 24 meses.
  ◑ Ampliación. Cuota de 160 € mensuales durante los siguientes 36 meses, si su rendimiento neto previsto es igual o inferior al salario mínimo interprofesional.

El proceso de **solicitud de ampliación** de la tarifa plana consta de estos sencillos pasos:

Acceso

- El trabajador autónomo debe presentar la solicitud a través del portal Importass de la Seguridad Social. Los métodos de identificación para el acceso al portal son varios: Cl@ve Permanente, Cl@ve Móvil, SMS, DNIe o certificado electrónico.

Formulario

- A continuación, debe cumplimentar el formulario con sus datos personales y fiscales, además de una declaración sobre el cumplimiento de que los rendimientos netos son inferiores al SMI.

Envío

- Finalmente, una vez comprobados todos los datos aportados, el trabajador autónomo ha de confirmar la presentación de la solicitud. El sistema devuelve un comprobante que puede ser archivado por el autónomo.

SABÍAS QUE...

Importass es el portal de la Tesorería General de la Seguridad Social. Es accesible desde la web, la Sede Electrónica y la *app* de la Seguridad Social, y está adaptado a los dispositivos móviles.

- -

Existen tipos de autónomos que también pueden acogerse a la tarifa plana, pero teniendo en cuenta una serie de **aspectos:**

◗ **Autónomos societarios.** Para que estos trabajadores autónomos se puedan aplicar la tarifa plana, deben cumplir dos requisitos básicos:

  ◗ Que se den de alta por primera vez en el RETA, o que no hayan estado dados de alta como autónomos en los dos años anteriores, o en los tres años anteriores si ya se aplicaron la tarifa plana.
  ◗ Que no tengan deudas ni con la Seguridad Social ni con la Agencia Tributaria.

◗ **Autónomos en pluriactividad.** Este trabajador autónomo puede acogerse a la tarifa plana o, como alternativa, optar por la aplicación de una reducción en su base mínima de cotización, según:

  ◗ Si trabaja por cuenta ajena a jornada completa:

    ↕ 50 % en los primeros 18 meses
    ↕ 25 % durante los meses 19 a 36

  ◗ Si trabaja por cuenta ajena a tiempo parcial, siendo más de media jornada:

    ↕ 25 % en los primeros 18 meses
    ↕ 15 % durante los meses 19 a 36

IMPORTANTE

Una vez haya pasado el periodo establecido para la aplicación de la tarifa plana, el trabajador autónomo pasará a cotizar en base al nuevo sistema de cotización por tramos según rendimientos reales.

TAREA 1

Ismael trabaja por cuenta ajena durante 5 h al día como asesor medioambiental en una agencia privada. En la academia de formación de una amiga le ha surgido la oportunidad de impartir clases 3 h al día, pero tiene que darse de alta como autónomo.

Ante esta situación de pluriactividad, y sabiendo que la base mínima de cotización de Ismael en su trabajo por cuenta ajena es de 869 €, ¿qué opciones tiene en la cotización como trabajador autónomo?

---

8. Resumen

La cotización de los trabajadores autónomos ha sufrido una reforma con la entrada en vigor del **Real Decreto-ley 13/2022, de 26 de julio.** Es un sistema que permite cotizar en función de los ingresos reales, cuyo **procedimiento** en líneas generales es:

Cálculo de los rendimientos netos previsibles del año	Asignación del tramo de las tablas de cotización para calcular la cuota provisional según la base de cotización elegida en ellas	Regularización de las cuotas provisionales según el IRPF del año siguiente y obtención de la cuota definitiva

La determinación de estas bases de cotización y de las cuotas provisionales sigue una serie de reglas reguladas en el Real Decreto-ley.

El sistema de cotización por tramos permite a los trabajadores por cuenta propia realizar **cambios en su base de cotización hasta seis veces en el año,** permitiendo de esta forma ajustar su cuota lo máximo posible a la realidad. No obstante, los autónomos colaboradores, administradores, socios trabajadores y aquellos dados de alta de oficio en el RETA tienen ciertos límites en la modificación de su base. Los cambios surtirán efecto en periodos diferentes según el mes de presentación de la solicitud, que se realizará en el portal Importass.

Dado el carácter provisional de las bases de cotización calculadas según el sistema nuevo, se hace necesario **realizar una regularización** para conocer las bases y cuotas definitivas. Esto es un proceso automático en el que el trabajador autónomo no tiene que intervenir, cuyo resultado es alguno de los siguientes:

Cotización provisional < cotización definitiva	Cotización provisional > cotización definitiva
- Ingreso a la TGSS por la diferencia - Plazo: hasta el último día del mes siguiente a la notificación	- Devolución de la TGSS por la diferencia - Plazo: antes del 30 de abril del año siguiente al de la comunicación de Hacienda

En el **cálculo de los rendimientos netos computables** a efectos de determinar la base de cotización provisional, se deben tener en cuenta las normas por las que se regulan las actividades económicas en el **Impuesto sobre la Renta de las Personas Físicas,** además de las recogidas en el Real Decreto-ley 13/2022. Para determinar estos rendimientos, se tendrá en cuenta el método de estimación al que esté acogido el trabajador autónomo y se le aplicará **una deducción por gastos genéricos** del 7 % o del 3 %, dependiendo del tipo de autónomo del que se trate.

Método de estimación directa	Método de estimación objetiva

La norma reguladora del nuevo sistema de cotización recoge las **tablas reducida y general de tramos** para los años 2023, 2024 y 2025 de los rendimientos netos y por las que el trabajador autónomo puede determinar su base de cotización provisional siguiendo unas sencillas normas.

A partir del **año 2032,** las bases de cotización definitivas obtenidas en la regularización se realizarán de forma distinta, según establece la disposición adicional primera del Real Decreto-ley.

Para **comenzar una nueva actividad por cuenta propia,** el trabajador autónomo no solo debe darse de alta en el RETA de la Seguridad Social, sino que, además, lo debe hacer en el IAE (salvo algunas excepciones). Con el alta en el régimen especial, los autónomos pueden acceder a las prestaciones que están incluidas en el mismo, como incapacidad temporal, jubilación, nacimiento y cuidado de menor, entre otras. Este trámite se realiza en el portal Importass de la Seguridad Social, en el que, una vez identificado el trabajador autónomo, solo ha de seguir una serie de **pasos** intuitivos:

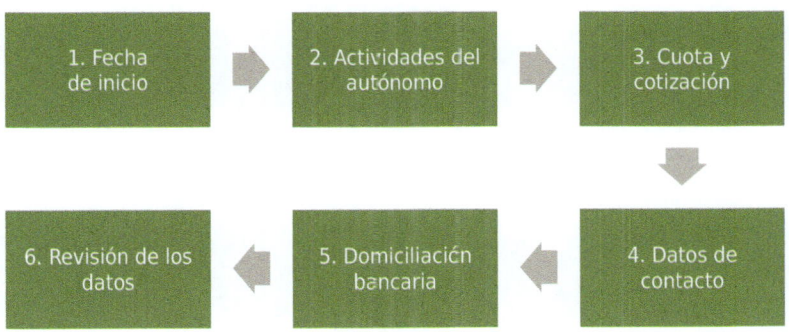

En el paso 3 se define la base de cotización que determinará la cuota a pagar por el trabajador autónomo, en base a las normas del nuevo régimen de cotización.

El trabajador por cuenta propia puede elegir, en el proceso de alta en el RETA, acogerse a lo que se denomina la **tarifa plana,** cuyas características son:

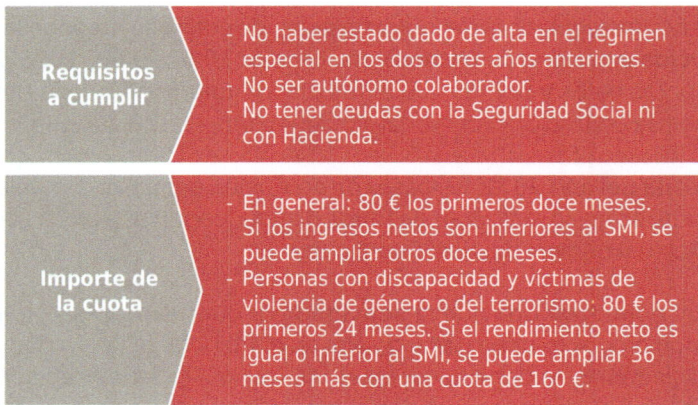

Requisitos a cumplir
- No haber estado dado de alta en el régimen especial en los dos o tres años anteriores.
- No ser autónomo colaborador.
- No tener deudas con la Seguridad Social ni con Hacienda.

Importe de la cuota
- En general: 80 € los primeros doce meses. Si los ingresos netos son inferiores al SMI, se puede ampliar otros doce meses.
- Personas con discapacidad y víctimas de violencia de género o del terrorismo: 80 € los primeros 24 meses. Si el rendimiento neto es igual o inferior al SMI, se puede ampliar 36 meses más con una cuota de 160 €.

El proceso de solicitud de ampliación de la tarifa plana se realiza en el portal Importass, mediante unos sencillos pasos. Es importante destacar que los autónomos societarios y los que están en pluriactividad tienen peculiaridades en cuanto a esta cuota reducida.

Ejercicios de autoevaluación
Unidad de Aprendizaje 1

1. **¿Dónde se realizan los trámites relacionados con la cotización de los trabajadores autónomos?**

    a. Portal Tu Seguridad Social
    b. Sistema RED
    c. Plataforma DEHú
    d. Portal Importass

2. **La determinación de las bases de cotización según el sistema de tramos se realiza en función de...**

    a. ... la base de cotización del mes anterior.
    b. ... los ingresos reales.
    c. ... los rendimientos netos previstos.
    d. ... la cuota de cotización del año anterior.

3. **¿Cuántos cambios están permitidos en la base de cotización provisional?**

    a. Entre tres y cinco
    b. Seis
    c. Ninguno
    d. Doce

4. **¿Qué debe hacer el trabajador por cuenta propia para realizar la regularización de su cotización en el régimen especial?**

    a. Nada, solo estar atento a las notificaciones que le pueden llegar a través del portal DEHú o de Mi Carpeta Ciudadana.
    b. Acceder al portal Importass y realizar el proceso en el enlace habilitado para ello.
    c. Ponerse en contacto con la TGSS para informar sobre sus ingresos reales.
    d. Dar su autorización a la Agencia Tributaria para comunicar sus rendimientos netos a la Seguridad Social.

5. Indica si la siguiente afirmación es verdadera o falsa: "El resultado de la regularización en la cotización del autónomo puede suponer una devolución de la TGSS o un ingreso por parte de empresario".

- ■ Verdadero
- ■ Falso

6. Según el IRPF, ¿qué métodos se aplican para determinar los rendimientos netos de las actividades económicas realizadas por los trabajadores autónomos?

a. Método de estimación directa
b. Método de equivalencia
c. Método de estimación objetiva
d. Método de prorrata

7. ¿Cuáles son los porcentajes de deducción por gastos genéricos que se aplican a los rendimientos netos calculados según las normas del IRPF y del Real Decreto-ley 13/2022?

a. 15 %
b. 7 %
c. 3 %
d. 25 %

8. ¿Qué trámites ha de realizar el trabajador por cuenta propia cuando inicia una actividad?

a. Alta en el RETA de la Seguridad Social
b. Inscripción y asignación de CCC para empresario individual
c. Alta en convenio especial
d. Alta en el Impuesto de Actividad Económica (IAE)

9. Determina si la siguiente afirmación es verdadera o falsa: "El autónomo colaborador puede acogerse a la tarifa plana para su cotización".

- ■ Verdadero
- ■ Falso

10. **Indica si la siguiente afirmación es verdadera o falsa: "El importe de la cotización de un autónomo con discapacidad del 40 % que está acogido a la tarifa plana es inicialmente de 160 €".**

   - ■ Verdadero
   - ■ Falso

Mejoras de la protección social y por el cese de actividad

Contenido

Objetivos

El objetivo general de esta Unidad de Aprendizaje es:

→ Descubrir las medidas propuestas por el Real Decreto-ley 13/2022, de 26 de julio, conducentes a mejorar la protección social y por cese de actividad del trabajador autónomo.

Los objetivos específicos de esta Unidad de Aprendizaje son:

→ Describir los cambios realizados en las prestaciones sociales de las personas trabajadoras por cuenta propia o autónomas.

→ Analizar las características básicas de la prestación por cese de actividad.

→ Sintetizar los aspectos más relevantes de la nueva prestación para la sostenibilidad de la actividad de los trabajadores por cuenta propia.

1. Introducción

La evolución de las dinámicas laborales ha puesto en primer plano la necesidad de reestructurar los sistemas de protección social para adaptarlos a una realidad cambiante, especialmente en el contexto de los trabajadores autónomos. Estos profesionales, al contrario de quienes forman parte del régimen general de trabajadores, históricamente han enfrentado diversas incertidumbres en cuanto a su protección social y a las garantías en caso de cese de actividad. Por ello, las reformas orientadas hacia la mejora de las coberturas y prestaciones para este grupo no solo son necesarias, sino también urgentes, y buscan equiparar sus derechos con aquellos de los trabajadores asalariados.

Por otro lado, el tema del cese de actividad emerge como un punto crítico. La incertidumbre económica o los cambios abruptos en el mercado pueden desencadenar situaciones en las que un autónomo se ve obligado a interrumpir su labor sin un periodo de transición adecuado. Dotarlos de una prestación específica no solo reconoce el riesgo intrínseco de su actividad, sino que le proporciona la capacidad de reinventarse sin caer en vulnerabilidades extremas.

Con estas mejoras, los trabajadores autónomos visualizan un panorama más claro de cómo las políticas se adaptan para protegerlos, incentivarlos y capacitarlos como elementos clave en la dinamización de la economía del país. En esta unidad de aprendizaje veremos cómo Camilo afronta las novedades en las prestaciones sociales que lo amparan, especialmente en lo relativo a la prestación por cese de actividad y sus recientes incorporaciones.

2. Ampliación en las prestaciones sociales de los autónomos

 **HILO CONDUCTOR**

Camilo ha sido operado de apendicitis de forma imprevista. Aunque la convalecencia va a ser corta, le inquieta no saber si durante esos días va a estar cubierto por alguna prestación de la Seguridad Social. Por la experiencia de otros autónomos conocidos, piensa que la situación que se le presenta no es fácil. A pesar de ello, su asesoría lo tranquiliza y le asegura que desde 2023 la prestación por incapacidad temporal ha mejorado para los autónomos.

La protección social de las personas trabajadoras autónomas ha sido un tema en constante evolución, especialmente cuando se trata de asegurar que estas personas cuenten con una cobertura adecuada frente a **contingencias comunes.** Estas contingencias son las situaciones que pueden afectar la capacidad laboral de los trabajadores autónomos, como las enfermedades comunes y los accidentes no laborales, y que requieren un soporte económico y sanitario adecuado para garantizar su bienestar y el de sus familias.

En los últimos años, la normativa sobre la protección de los trabajadores autónomos ha avanzado de manera significativa, logrando establecer un sistema más robusto y flexible. Sin embargo, persisten ciertas limitaciones que han dejado a este colectivo en situación de vulnerabilidad respecto a las coberturas disponibles para contingencias comunes, comparadas con las que tienen los trabajadores por cuenta ajena. Para abordar estas carencias, se hace necesario no solo entender el marco normativo actualmente vigente, sino también analizar las propuestas de mejora que se han ideado.

Las mejoras en la protección social buscan ofrecer un colchón que permita a los autónomos recuperarse sin el miedo constante a comprometer su estabilidad económica.

Los autónomos tienen derecho a recibir **asistencia sanitaria,** que consiste en la cobertura de los servicios médicos y farmacéuticos que necesitan para atender su salud. Concretamente, se incluyen en ella los siguientes servicios y productos:

- ⊃ Atención primaria, atención especializada y atención de urgencias
- ⊃ Prestaciones farmacéuticas y ortoprotésicas
- ⊃ Productos dietéticos
- ⊃ Transporte sanitario
- ⊃ Servicios de información y documentación sanitaria y asistencial

NOTA

La cartera común de servicios correspondiente a la asistencia sanitaria se distribuye entre: básica de servicios asistenciales, suplementaria y servicios accesorios.

Las **prestaciones sociales** que tienen cubiertas las personas trabajadoras por cuenta propia o autónoma son por:

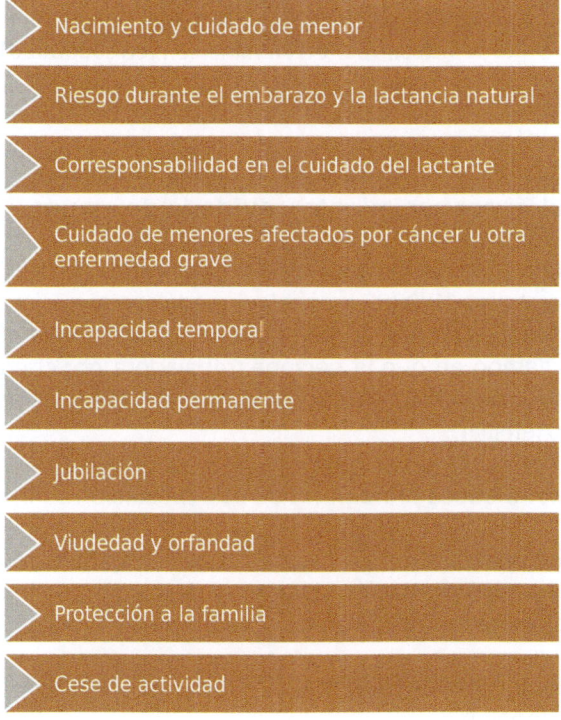

La acción protectora del régimen especial de los trabajadores autónomos está recogida en el capítulo III del título IV de la Ley General de la Seguridad Social.

 **VÍDEO**

La Sede Electrónica de la Seguridad Social ha habilitado un portal específico dedicado a la gestión de todo tipo de prestaciones. Accede al siguiente vídeo, donde se explica de forma simple su funcionamiento:

https://redirectoronline.com/ctre00080201

2.1. Prestación por nacimiento y cuidado de menor

Una de las prestaciones que ha sido modificada con la entrada en vigor del Real Decreto-ley 13/2022 es la relacionada con el nacimiento y cuidado de menor. A través de ella, se compensan las rentas que no se perciben durante el tiempo en que la persona trabajadora por cuenta propia está de descanso por nacimiento, adopción, guarda con fines de adopción y acogimiento familiar.

Las **características principales** de esta prestación son:

➲ **Situaciones cubiertas.** Las personas trabajadoras autónomas pueden solicitar esta prestación durante el descanso que les corresponde por encontrarse en alguna de las siguientes situaciones:

- ◑ Nacimiento de hijo/a
- ◑ Adopción
- ◑ Guarda con fines de adopción
- ◑ Acogimiento familiar

➲ **Personas beneficiarias.** Son todas aquellas personas trabajadoras autónomas que disfrutan de los periodos de descanso por las situaciones indicadas que cumplan los siguientes requisitos:

- ❂ Estar dadas de alta en el RETA.
- ❂ Estar al corriente en el pago de las cuotas de las que sean responsables directas.
- ❂ Tener los periodos de cotización mínimos exigidos según la edad, en la fecha del hecho causante de la prestación:

    - ⬍ <21 años: no se exige periodo mínimo de cotización.
    - ⬍ Entre 21 y 26 años: 90 días dentro de los 7 años anteriores al inicio del descanso o, alternativamente, 180 días cotizados a lo largo de su vida laboral con anterioridad a dicha fecha.
    - ⬍ >26 años: 180 días dentro de los 7 años anteriores al inicio del descanso o, alternativamente, 360 días cotizados a lo largo de su vida laboral con anterioridad a dicha fecha.

- ➲ **Prestación económica.** Aquí es donde se concentra la mejora introducida por el Real Decreto-ley 13/2022. Esta prestación consiste en un subsidio equivalente al 100 % de la base reguladora correspondiente, cuyo importe diario, según el art. 318 de la LGSS, es "el resultado de dividir la suma de las bases de cotización acreditadas a este régimen especial durante los seis meses inmediatamente anteriores al mes previo al del hecho causante entre ciento ochenta".

    Cuando la persona trabajadora autónoma no haya estado de alta los seis meses, en el cálculo anterior la división será entre los días en los que haya estado de alta en ese periodo.

    Este subsidio también lo pueden percibir las personas trabajadoras autónomas que estén en régimen de jornada parcial.

- ➲ **Duración.** Se corresponde con la del periodo de descanso por nacimiento, adopción, guarda con fines de adopción y acogimiento familiar, que es de 16 semanas en total para la madre biológica y para el otro progenitor en caso de nacimiento, o para cada progenitor en el resto de los supuestos.

    Este descanso es ampliable una semana para cada progenitor por cada hijo/a, a partir del segundo, en caso de nacimiento, adopción o acogimiento múltiple. En el caso de una sola persona progenitora, la ampliación es de dos semanas.

 SABÍAS QUE...

Los cambios en el régimen especial de los trabajadores autónomos recogidos en el Real Decreto-ley 13/2022, de 26 de julio, están siendo aplicados desde el 1 de enero de 2023.

2.2. Prestación por incapacidad temporal

Otra de las prestaciones sociales que se han visto mejoradas con la normativa es la correspondiente a las contingencias que cubren la **incapacidad temporal (IT),** sobre todo en lo relativo al supuesto de estar cubierta esta contingencia con otro régimen de la Seguridad Social. Las mejoras introducidas en este caso son:

1. En general, los trabajadores autónomos incluidos en el RETA tienen cubierta de forma obligatoria la contingencia por incapacidad temporal (por contingencias comunes), excepto que esté cubierta por otro régimen de la Seguridad Social distinto, por estar realizando otra actividad. Es en este caso excepcional donde la normativa establece que, de forma voluntaria, los trabajadores autónomos (salvo los trabajadores autónomos económicamente dependientes, TRADE) pueden acogerse a la cobertura de dicha contingencia o, dado el caso, renunciar a ella, mientras dure la situación de pluriactividad.
2. A pesar de lo establecido en el apartado anterior, existen una serie de excepciones en materia de colectivos a la obligatoriedad de la cobertura de la contingencia por IT que afecta a:

   ↻ Socios de cooperativas incluidos en el RETA que tengan un sistema intercooperativo de prestaciones sociales, en los términos establecidos en la DA 28.° apartado 1.
   ↻ Miembros de institutos de vida consagrada a la Iglesia Católica incluidos en el RETA.

3. Pasará a ser obligatoria la cobertura de la prestación por IT, independientemente de estar o no acogido a ella, en los siguientes casos:

   ↻ Cuando la situación de pluriactividad llegue a su fin y el trabajador autónomo se mantenga de alta en el RETA.
   ↻ Cuando la persona pase a ser TRADE o a desarrollar una actividad profesional con gran riesgo de siniestralidad.

La **cuantía de la prestación por IT** se calcula aplicando unos porcentajes a la base reguladora, en los siguientes términos:

⮑ **Base reguladora.** Se corresponde con la base de cotización del mes anterior al de la baja médica dividida entre 30. Esta base se mantiene durante todo el proceso de IT (incluidas las recaídas), salvo que se hubiese optado por una base inferior.

⊃ **Porcentajes:**

◑ Por enfermedad común o accidente no laboral:

  ⇕ Desde el día 4.º al 20.º de la baja (inclusive), 60 %.
  ⇕ A partir del día 21.º, 75 %.

◑ Por accidente de trabajo o enfermedad profesional, cuando estén cubiertas estas contingencias profesionales, 75 % desde el día siguiente al de la baja.
◑ Situaciones especiales para trabajadoras autónomas:

  ⇕ Menstruación incapacitante secundaria:

    ⦿ Desde el día 1.º al 20.º, 60 %.
    ⦿ A partir del 21.º, 75 %.

  ⇕ Interrupción del embarazo (voluntaria o no) y primer día de la semana 39.º de gestación:

    ⦿ Desde el día 2.º al 20.º, 60 %.
    ⦿ A partir del 21.º, 75 %.

◑ Situación especial de IT por donación de órganos o tejidos para su trasplante, 100 %.

APLICACIÓN PRÁCTICA

Un trabajador autónomo presenta baja por accidente de trabajo desde el día 3 hasta el 15 de mayo, y su base de cotización de abril asciende a 1.119 €. Este autónomo ha permanecido de alta todo el mes de abril. ¿Cuál es el importe de su baja?

Solución

En el cálculo del importe de la baja hay que tener en cuenta que el número de días se cuenta desde el día siguiente al de la baja, esto es, desde el día 4 hasta el 15, ambos inclusive, lo que resulta en 12 días. Además, según la norma legal, a la baja por accidente de trabajo le corresponde el 75 % de la base reguladora.

Continúa en página siguiente >>

<< Viene de página anterior

Base reguladora diaria = 1.119 / 30 = 37,30 €

Importe de la baja = 37,30 € x 75 % x 12 días = 335,70 €

2.3. Prestación para la sostenibilidad de la actividad

Además de las mejoras introducidas en las prestaciones anteriores y en la de cese de actividad, que veremos más adelante, el Real Decreto-ley 13/2022 introdujo una nueva prestación: **prestación para la sostenibilidad de la actividad de las personas trabajadoras autónomas de un sector de actividad afectado por el mecanismo RED de flexibilidad y estabilización del empleo.**

La solicitud de esta prestación se realiza a los quince días contados a partir del día siguiente a la recepción de la resolución de la autoridad laboral autorizando la prestación ante la mutua con la que esté cubierta la protección por cese de actividad.

 **IMPORTANTE**

El mecanismo RED de flexibilidad y estabilización del empleo es un instrumento que, una vez activado por el Gobierno, posibilita a las empresas solicitar medidas de reducción de jornada y suspensión de contratos de trabajo.

Esta prestación tiene **dos modalidades,** que están desarrolladas en la DA 48.° y la DA 49.° de la LGSS y que se caracterizan por los siguientes aspectos:

○ **Cíclica.** Tienen derecho a solicitar esta prestación las personas trabajadoras autónomas con una actividad incluida en un sector afectado por el mecanismo RED en su modalidad cíclica que, según el art. 47 bis del Estatuto de los Trabajadores (ET), se da "cuando se aprecie una coyuntura macroeconómica general que aconseje la adopción de instrumentos adicionales de estabilización, con una duración máxima de un año".

Esta prestación es gestionada por la mutua colaboradora, y sus particularidades son:

◑ Con carácter general, sus requisitos son: alta en el régimen especial de la actividad; estar al corriente de las obligaciones tributarias y de Seguridad Social; no realizar trabajos por cuenta ajena, por cuenta propia en una actividad no afectada por el mecanismo RED o por cuenta propia en una actividad afectada pero sin la aplicación de las medidas (art. 47 bis del ET); no percibir la prestación de cese de actividad o para la sostenibilidad; no tener la edad ordinaria para la jubilación contributiva, salvo si no se tiene la cotización necesaria.

◑ Consta, por un lado, de una prestación económica resultante de aplicar el 50 % a la base reguladora (base de cotización del tramo 3 de la tabla reducida) y, por otro lado, del abono por parte de la mutua del 50 % de la cotización a la Seguridad Social, y el resto por parte del trabajador autónomo.

◑ Su duración es de tres meses con prórrogas trimestrales y una duración total máxima de un año, si la empresa tiene trabajadores asalariados; de lo contrario, la duración es la de la solicitud, y no puede ser superior a seis meses. De forma excepcional se pueden conceder tres prórrogas de dos meses. En ningún caso la prestación puede ser superior a un año.

◑ El derecho a la prestación se suspende por imposición de una sanción por infracción leve o grave o por estar cumpliendo condena que conlleve falta de libertad. Y se extingue por los siguientes motivos: tener derecho a una prestación de la Seguridad Social; finalización del tiempo de percepción de la prestación; aumento de los ingresos superando los límites legales; causar baja en el RETA; incumplir las obligaciones del mecanismo RED; y perder los beneficios a la Seguridad Social por aplicación de ERTE o mecanismo RED, cuando existen trabajadores asalariados.

◑ Las obligaciones derivadas de esta prestación, si existen trabajadores asalariados, son incorporarse a la actividad cuando se levanten las medidas del mecanismo RED y permanecer como mínimo seis meses consecutivos, además de atender las cotizaciones de sus trabajadores. Cuando no existan trabajadores asalariados, debe incorporarse a la actividad cuando el derecho a la prestación haya terminado y permanecer como mínimo seis meses consecutivos.

◑ Es incompatible con: la prestación de desempleo, de mecanismo RED, de cese de actividad y por IT; la renta activa de inserción; cualquier otra prestación de la Seguridad Social, salvo cuando fuera compatible con el trabajo; y con otro trabajo por cuenta propia o ajena. Además, no se pueden simultanear las prestaciones derivadas de dos o más mecanismos RED de flexibilidad y estabilización del empleo, por cuenta propia o ajena.

⊃ **Sectorial.** En este caso, la actividad tiene que estar incluida en un sector afectado por el mecanismo RED en su modalidad sectorial (cuando en un determinado sector o sectores de actividad se aprecien cambios permanentes que generen necesidades de recualificación y de procesos de transición profesional de las personas trabajadoras, con una duración máxima inicial de un año y la posibilidad de dos prórrogas de seis meses cada una).

El órgano gestor y sus características son similares a la modalidad cíclica. No obstante, hay que tener en cuenta los siguientes aspectos:

- ◑ Se deben cumplir, además, estos dos requisitos: tener el periodo mínimo de cotización por cese de actividad y la suscripción del compromiso de actividad (art. 300 de la LGSS).
- ◑ Consta, por un lado, de una prestación económica de pago único (DA 49.° Tres.1 de la LGSS) y, por otro, del abono por parte de la mutua del 50 % de la cotización a la Seguridad Social; y el resto por parte del trabajador autónomo.
- ◑ Esta prestación no tiene duración definida, ni especificaciones respecto de las causas de extinción y suspensión.
- ◑ Las obligaciones derivadas de esta prestación son: cuando existan trabajadores asalariados, el trabajador autónomo debe incorporarse a la actividad cuando se levanten las medidas del mecanismo RED y permanecer como mínimo seis meses consecutivos; mantener la cotización del 50 % por todas las contingencias (incluido cese de actividad); estar al corriente de las cotizaciones a la Seguridad Social propias y de los trabajadores de la empresa; invertir la prestación en una actividad como trabajador autónomo o realizar una aportación al capital social de una entidad mercantil nueva o creada doce meses antes de la aportación, por el 100 % del importe de la prestación.
- ◑ El conjunto de incompatibilidades es igual al de la modalidad cíclica.

 ACTIVIDAD COMPLEMENTARIA

2. Responde a la siguiente cuestión sobre la prestación para la sostenibilidad de la actividad en su modalidad cíclica: además de los requisitos comunes a todos los trabajadores autónomos, ¿cuáles ha de cumplir el trabajador autónomo si es socio de una sociedad de capital que tiene 50 personas trabajadoras asalariadas?

3. Mejoras en la prestación por cese de actividad

☞ HILO CONDUCTOR

La recuperación de Camilo después de la operación ha sido más larga de lo que se preveía y su empresa se ha visto afectada por este periodo, al no haber podido atender adecuadamente a sus clientes.

Está pensando en abandonar la actividad y optar a un puesto de profesor de autoescuela en una empresa de su ciudad. Su asesoría le informa de que la prestación por cese de actividad ha sufrido cambios que le serán beneficiosos, lo que le empuja a tomar definitivamente la decisión.

La prestación por cese de actividad es una de las reformas más importantes concebidas para mejorar la protección social de los trabajadores autónomos; proporciona un colchón económico que se asemeja a la prestación por desempleo de que disponen los trabajadores por cuenta ajena. Implementada en España de manera **obligatoria desde 2019,** esta prestación proporciona al trabajador por cuenta propia las medidas ante la situación de cese definitivo o temporal de su actividad. Está regulada por el **título V de la Ley General de la Seguridad Social** (Real Decreto Legislativo 8/2015), donde se establecen sus principios, requisitos, condiciones y cuantías.

Con la expansión creciente del trabajo autónomo es crucial disponer de mecanismos de protección ante situaciones de pérdida involuntaria de ingresos que conduzcan al cierre.

⊕ **PARA SABER MÁS**

El trabajador por cuenta propia o autónomo tiene a su disposición un portal web donde encontrará información diversa y útil en su trabajo diario. Accede al siguiente enlace y compruébalo:

https://redirectoronline.com/ctre00080202

Como resultado de los cambios introducidos por el Real Decreto-ley 13/2022, se mejoraron las **características principales** de esta prestación, que el trabajador autónomo o por cuenta propia está obligado a cumplir, y que se concretan en:

➲ **Requisitos de acceso.** El trabajador autónomo debe cumplir los siguientes requisitos:

 ⏻ Estar afiliado a la Seguridad Social y dado de alta en el RETA.
 ⏻ Contar con el periodo mínimo de cotización por cese de actividad exigible.
 ⏻ Estar en situación legal de cese de actividad (art. 331 de la LGSS), suscribir el acuerdo de actividad (art. 3 de la Ley 3/2023) y acreditar la disponibilidad de reincorporarse al mercado laboral.
 ⏻ No tener la edad ordinaria para la jubilación contributiva (salvo si no tiene la cotización necesaria) cuando se trate de cese definitivo.
 ⏻ Estar al corriente del pago de las cuotas a la Seguridad Social.
 ⏻ No desarrollar otra actividad, cuando las causas del cese sean una reducción del 60 % de la jornada laboral de todas las personas trabajadoras o la suspensión temporal del contrato de como mínimo el 60 % de las personas trabajadoras o el mantenimiento de deudas exigibles con acreedores superiores al 150 % de los ingresos ordinarios o ventas. Esta es la mejora incorporada por el Real Decreto-ley 13/2022.

⊃ **Prestaciones.** La protección por cese de actividad incluye las siguientes prestaciones:

 ◗ La prestación económica por cese temporal o definitivo de la actividad. Su importe, que se vio modificado por el Real Decreto-ley 13/2022, se calcula aplicando el 70 % de la base reguladora (media de las bases de cotización de los 12 meses anteriores al cese), o el 50 % en los supuestos de suspensión temporal parcial por fuerza mayor, de reducción de la jornada laboral de las personas trabajadoras, de suspensión temporal del contrato de trabajo y de deudas exigibles con acreedores. Su cuantía será como máximo del 175 % del IPREM o del 200 % (con un hijo a cargo), o del 225 % (con más de un hijo a cargo), y como mínimo del 107 % o 80 % del IPREM si tiene o no hijos a su cargo.
 ◗ El pago de las cuotas de cotización del trabajador autónomo durante el tiempo que perciba la prestación económica por cese de actividad. El Real Decreto-ley 13/2022 amplía los supuestos en los que el órgano gestor se hará cargo del 50 % de las cuotas durante la percepción de la prestación y el trabajador autónomo del resto, siendo estos la reducción de la jornada laboral de las personas trabajadoras, la suspensión temporal de su contrato de trabajo y el mantenimiento de deudas exigibles con acreedores.

⊃ **Duración.** Para conocer la duración de la prestación se deben tomar los periodos de cotización de los 48 meses anteriores al cese de los que, como mínimo, 12 deben estar comprendidos en los 24 inmediatamente anteriores a dicha situación (puntualización del Real Decreto-ley 13/2022), en función de la siguiente escala:

Periodo de cotización (meses)	Duración (meses)
De 12 a 17	4
De 18 a 23	6
De 24 a 29	8
De 30 a 35	10
De 36 a 42	12
De 43 a 47	16
De 48 en adelante	24

El trabajador por cuenta propia puede volver a solicitar de nuevo la prestación si sigue cumpliendo los requisitos legales y han pasado 18 meses desde la última vez que se le concedió.

➲ **Suspensión y extinción.** Las causas de suspensión de la prestación son:

- Por imposición de sanción derivada de una infracción leve o grave.
- Por cumplimiento de condena con privación de libertad.
- Por realización de un trabajo por cuenta propia o ajena. El Real Decreto-ley 13/2022 introdujo estos supuestos de excepción que sí serían compatibles con la actividad que cesa: suspensión temporal parcial por fuerza mayor, reducción de la jornada laboral o suspensión temporal del contrato de trabajo de las personas trabajadoras y el mantenimiento de deudas exigibles con acreedores.

Las causas de extinción de la prestación son:

- Finalización de la duración.
- Imposición de sanciones según los términos de la Ley sobre Infracciones y Sanciones en el Orden Social.
- Realización de una actividad por cuenta propia o ajena durante 12 meses o más.
- Cumplimiento de la edad de jubilación ordinaria o teórica en el caso de los trabajadores autónomos del mar.
- Reconocimiento de pensión de jubilación o de incapacidad permanente.
- Traslado de residencia al extranjero.
- Renuncia voluntaria.
- Muerte del trabajador autónomo.

El trabajador por cuenta propia o autónomo tiene que cumplir con las siguientes **obligaciones** derivadas de la prestación por cese:

Solicitar a la mutua colaboradora la cobertura de protección por cese	Cotizar por la aportación a dicha protección	Suministrar la documentación e información requerida
Solicitar la baja de la prestación si se dan las causas de suspensión, extinción o incumplimiento de los requisitos exigidos	No desarrollar trabajos por cuenta propia o ajena, con las salvedades reconocidas	Reintegrar las prestaciones indebidamente percibidas

NOTA

La prestación por cese de actividad es incompatible con la realización de una actividad por cuenta propia, con el trabajo por cuenta ajena y con la percepción de pensiones o prestaciones económicas de la Seguridad Social. El Real Decreto-ley 13/2022 añadió el supuesto de compatibilidad con la situación de pluriactividad (art. 342.3 de la LGSS) y una excepción a los trabajos por cuenta propia y por cuenta ajena (art. 342.1).

- -

TAREA 2

Irene solicitó la prestación por cese de actividad hace unos meses y no está de acuerdo con el primer pago que ha recibido. Los cálculos que hizo siguiendo las instrucciones de la Ley General de Seguridad Social dieron como resultado un importe mayor. Sabe que su base de cotización mensual en los doce meses anteriores al cese es de 1.327 €, el IPREM mensual vigente es de 600 € y no tiene hijos. ¿A qué cuantía ascenderá su prestación económica? ¿Está incluida en los límites legales? Realiza los cálculos necesarios.

- -

4. Resumen

Para las personas trabajadoras autónomas, cuyo entorno laboral se caracteriza por la volatilidad y la independencia, las mejoras en la protección social son tanto un reto como una necesidad; de ahí la publicación del **Real Decreto-ley 13/2022.** Al ampliar sus coberturas, se busca asegurar que los autónomos tengan acceso garantizado a beneficios que disminuyan el impacto ante eventualidades, y que promuevan un ambiente laboral más seguro y confiable.

Del conjunto de prestaciones sociales que cubren a los trabajadores por cuenta propia, esta normativa mejora la **prestación económica por nacimiento y cuidado de menor,** que consiste en un subsidio del 100 % de la base reguladora definida por la Seguridad Social. Además, la normativa ha introducido cambios en estas prestaciones de los trabajadores autónomos, en los siguientes términos:

Prestación de incapacidad temporal	Prestación por cese de actividad
- Posibilidad de cubrir la contingencia de esta prestación por otro régimen de la Seguridad Social, con salvedades importantes. - Introducción de excepciones sobre la obligatoriedad de la cobertura por IT para determinados colectivos. - Regulación de la obligatoriedad de la cobertura por IT para situaciones concretas.	- En los requisitos de acceso a esta prestación se especifican las causas por las que no se puede desarrollar otra actividad. - Mejora del cálculo de la prestación económica y aplicación de supuestos para el abono por el gestor de parte de la cotización del autónomo. - Puntualización en los periodos de cotización para determinar la duración de la prestación. - Introducción de excepciones por las que la realización de otro trabajo no causa suspensión de la prestación.

Además, el Real Decreto-ley 13/2022 introduce como novedad la **prestación para la sostenibilidad de la actividad** de las personas trabajadoras autónomas de un sector de actividad afectado por el mecanismo RED de flexibilidad y estabilización del empleo, que dispone de dos modalidades, **cíclica y sectorial**, cada una con características propias. Algunas de ellas son:

Cíclica	- El cumplimiento de estos requisitos: alta en el régimen especial de la actividad, obligaciones económicas tributarias y de Seguridad Social, imposibilidad de realizar trabajos por cuenta ajena o propia, no percibir la prestación de cese de actividad o para la sostenibilidad, y no tener la edad de jubilación. - Consta de una prestación económica y del abono del 50 % de la cotización a la Seguridad Social. - Su duración es de 3 meses (prorrogables como máximo un año si hay personal asalariado y, de lo contrario, como máximo 6 meses). - Cuenta con una relación de causas por las que la prestación se suspende o extingue. - El cumplimiento de un conjunto de obligaciones e incompatibilidades por parte del trabajador autónomo.

Continúa en página siguiente >>

<< Viene de página anterior

Sectorial

- El cumplimiento de los requisitos de la modalidad cíclica, además del periodo mínimo de cotización por cese de actividad y la suscripción del compromiso de actividad.
- Consta de una prestación económica de pago único y del abono del 50 % de la cotización a la Seguridad Social.
- No tiene duración ni causas de extinción y suspensión definidas.
- El cumplimiento de un conjunto de obligaciones e incompatibilidades por parte del trabajador autónomo o por cuenta propia.

Ejercicios de autoevaluación
Unidad de Aprendizaje 2

1. Indica si la siguiente afirmación es verdadera o falsa: "La asistencia sanitaria que cubre a los autónomos incluye, entre otros productos, los dietéticos".

 ■ Verdadero
 ■ Falso

2. ¿Cuáles son prestaciones sociales de las personas trabajadoras por cuenta propia?

 a. Riesgo durante la lactancia natural
 b. Incapacidad permanente
 c. Desempleo
 d. Viudedad

3. Indica si la siguiente afirmación es verdadera o falsa: "El Real Decreto-ley 13/2022 mejoró la prestación por nacimiento y cuidado de menor de las personas trabajadoras por cuenta propia aumentando su duración de 16 a 20 semanas".

 ■ Verdadero
 ■ Falso

4. La cobertura de las contingencias por incapacidad temporal es obligatoria para los trabajadores por cuenta propia, excepto...

 a. ... los trabajadores autónomos que desarrollen una actividad profesional con riesgo máximo de siniestralidad.
 b. ... los socios de cooperativas incluidos en el RETA que tengan un sistema intercooperativo de prestaciones sociales.
 c. ... los miembros de institutos de vida consagrada a la Iglesia Católica incluidos en el RETA.
 d. ... los trabajadores autónomos económicamente dependientes (TRADE), en todos los casos.

5. Indica si la siguiente afirmación es verdadera o falsa: "La prestación para la sostenibilidad de la actividad de las personas trabajadoras autónomas de un sector de actividad afectado por el mecanismo RED se introdujo como novedad en el Real Decreto-ley 13/2022 en el sistema de protección social de las personas trabajadoras autónomas".

- ■ Verdadero
- ■ Falso

6. ¿Qué modalidades tiene la prestación para la sostenibilidad de la actividad de las personas trabajadoras por cuenta propia?

   a. Continua
   b. Sectorial
   c. Formal
   d. Cíclica

7. Indica si la siguiente afirmación es verdadera o falsa: "La modalidad cíclica de la prestación para la sostenibilidad de la actividad de las personas trabajadoras autónomas se da cuando se aprecia una coyuntura macroeconómica general que aconseje la adopción de instrumentos adicionales de estabilización".

- ■ Verdadero
- ■ Falso

8. ¿Cuál es la duración de la prestación por cese de actividad de un trabajador autónomo que tiene un periodo de cotización de dos años?

   a. Ocho meses
   b. Un año
   c. Diez meses
   d. Dos años

9. ¿Cuál no es una causa de extinción de la prestación por cese de actividad de una persona trabajadora autónoma?

   a. El traslado de residencia al extranjero.
   b. Estar cumpliendo una condena que conlleve privación de libertad.

    c. Tener la edad necesaria para optar a la jubilación ordinaria.

    d. Muerte de la persona trabajadora autónoma.

10. ¿Cuáles son supuestos de incompatibilidad de la prestación por cese de actividad de los trabajadores autónomos?

    a. El desarrollo de una actividad por cuenta propia.

    b. La realización de un trabajo por cuenta ajena.

    c. La percepción de prestaciones económicas de la Seguridad Social.

    d. Todas las opciones son correctas.

Glosario

Acción protectora
Hace referencia a un conjunto de medidas que pone en funcionamiento la Seguridad Social para prever, reparar o superar determinadas situaciones de infortunio o estados de necesidad concretos, que suelen originar una pérdida de ingresos o un exceso de gastos en las personas que los sufren.

Actividad empresarial
Es la que se desarrolla en el ámbito de gestión de una empresa, con una estructura y organización dirigida por un empresario.

Actividad profesional
La realiza una persona física de forma personal, directa y por cuenta propia, sin requerir estructura empresarial para llevarla a cabo.

Base de cotización
Es la cantidad sobre la que se aplica un porcentaje denominado tipo de cotización, cuya cuantía se destina a la cobertura de ciertas incidencias, como pueden ser una enfermedad, desempleo, etc.

Capital mobiliario
Conjunto de activos financieros cuya finalidad es la obtención de rentas con su tratamiento, tales como los depósitos y cuentas bancarias o los dividendos de acciones.

CNAE
Es el Código Nacional de Actividades Económicas, que recoge una clasificación de las actividades económicas en España.

Contingencia
Riesgo.

Cuota de cotización
Cantidades abonadas por empresa y trabajador para cubrir prestaciones futuras (jubilación, desempleo, formación profesional, etc.), que son retiradas mes a mes del salario. Una parte del pago corresponde a la empresa y otra a la persona trabajadora, aunque ambas son ingresadas conjuntamente.

Deducción
Beneficio económico otorgado al contribuyente por la normativa fiscal.

Equidad
Según la RAE, "disposición del ánimo que mueve a dar a cada uno lo que merece".

ERTE
Expediente de Regulación Temporal de Empleo.

Fondos propios
Es el patrimonio neto de una entidad que hace referencia al capital social, las reservas, los resultados no distribuidos, etc.

Incapacidad permanente
Es la situación en la que se encuentra un trabajador cuando ha sido dado de alta médica por accidente o enfermedad y no puede realizar su trabajo de forma plena.

IPREM
Indicador Público de Renta de Efectos Múltiples.

IRPF
Impuesto sobre la Renta de las Personas Físicas.

Jornada laboral
Es el período de tiempo que pasa desde la entrada de la persona trabajadora a su puesto de trabajo hasta que lo abandona.

Jubilación contributiva
Es una prestación económica que cubre la pérdida de ingresos una vez finalizada la vida laboral. Requiere cumplir el requisito previo de haber cotizado un determinado número de años.

Mecanismo RED
Según el ET, es "un instrumento de flexibilidad y estabilización del empleo que, una vez activado por el Consejo de Ministros, permitirá a las empresas la solicitud de medidas de reducción de jornada y suspensión de contratos de trabajo".

Mutuas patronales
Son asociaciones de empresarios que se agrupan para gestionar conjuntamente una serie de servicios relacionados con la atención a sus trabajadores por accidentes de trabajo y enfermedades profesionales.

Persona trabajadora asalariada
Aquellas personas que realizan su trabajo por cuenta ajena bajo la dirección de un empresario.

Pluriactividad
Simultaneidad en la realización de actividades empresariales o profesionales.

Promedio
Según la RAE, es "la cantidad igual o más proxima a la media aritmética".

Provisión
Es una reserva de recursos para atender una obligación futura de pago.

Rendimiento íntegro
Es igual a rendimiento bruto.

Rendimiento neto
Es la diferencia entre el rendimiento íntegro y los gastos deducibles aplicables.

Salario Mínimo Interprofesional
Lo fija el Gobierno con una periodicidad de un año, y supone la regulación mínima que debe percibir la persona trabajadora, sin tener en cuenta la actividad que esta realiza cada día de trabajo.

Tipo de cotización
Porcentaje que se aplica a la base de cotización para obtener la cuota correspondiente.

Bibliografía

Monografías

→ JIMÉNEZ García, A.: Gestión de personal. Nóminas. Antequera: IC Editorial, 2025.

Manual práctico para la gestión integral de los recursos humanos.

→ RODRÍGUEZ Iniesta, G.: La cotización de los trabajadores por cuenta propia o autónomos. Murcia: Ediciones Laborum, 2024.

Manual teórico-práctico que desarrolla el nuevo sistema de cotización para los trabajadores autónomos.

→ VV. AA.: Memento práctico Seguridad Social. Madrid: Lefebvre, 2025.

Manual extenso que recoge todas las cuestiones relacionadas con la Seguridad Social y su normativa de aplicación.

Textos electrónicos, bases de datos y programas informáticos

→ Ministerio de Trabajo y Economía Social, de:
<https://www.mites.gob.es/index.htm>.

Página web del Ministerio de Trabajo y Economía Social compuesta por recursos, enlaces e información relevante en el ámbito laboral y social.

→ Seguridad Social, de:
<https://www.seg-social.es/wps/portal/wss/internet/Inicio>.

Página web de la Seguridad Social que muestra información sobre la afiliación, cotización, recaudación y prestaciones de las personas trabajadoras y de las empresas, además de los enlaces directos a sus sedes electrónicas.

→ Servicio Público de Empleo Estatal, de:
<https://www.sepe.es/HomeSepe/autonomos.html>.

Página web del SEPE que incluye, entre otra información, una guía de contratos publicada y actualizada anualmente.

Legislación

→ Real Decreto Legislativo 2/2015, de 23 de octubre, por el que se aprueba el texto refundido de la Ley del Estatuto de los Trabajadores.

Normativa que regula derechos y obligaciones en el ámbito de las relaciones laborales, tanto para las personas trabajadoras como para las organizaciones.

→ Real Decreto Legislativo 8/2015, de 30 de octubre, por el que se aprueba el texto refundido de la Ley General de la Seguridad Social.

Normativa que incluye las normas legales sobre los trámites, regímenes y prestaciones de la Seguridad Social.

→ Real Decreto-ley 13/2022, de 26 de julio, por el que se establece un nuevo sistema de cotización para los trabajadores por cuenta propia o autónomos y se mejora la protección por cese de actividad.

Normativa que contiene las normas de desarrollo del sistema de cotización para los trabajadores por cuenta propia o autónomos vigente y las modificaciones a la prestación por cese de actividad.